MON MARI
ME L'A PERMIS!...

COMÉDIE

eprésentée pour la première fois à Paris, sur le Théâtre des VARIÉTÉS,
le 23 novembre 1872.

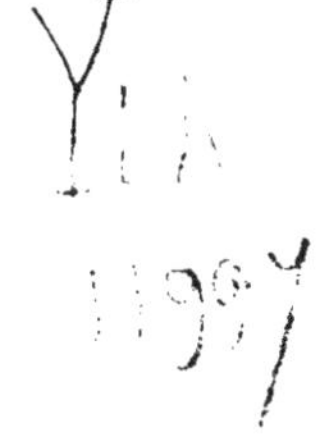

CHATILLON-SUR-SEINE. — IMPRIMERIE E. CORNILLAC

MON MARI
ME L'A PERMIS!...

COMÉDIE EN UN ACTE

PAR

CLAIRVILLE, SIRAUDIN ET VICTOR KONING

PARIS
MICHEL LÉVY FRÈRES, ÉDITEURS
RUE AUBER, 3, PLACE DE L'OPÉRA

LIBRAIRIE NOUVELLE
BOULEVARD DES ITALIENS, 15, AU COIN DE LA RUE DE GRAMMONT

1873

PERSONNAGES

BOURDELIN, agent de change, 40 ans.........	MM. TONY RIOM.
PAPONOT, banquier, 40 ans..................	C. BLONDELET.
ERNEST, gandin, 20 ans.....................	COOPER.
CORNÉLIA, femme de Bourdelin, 20 ans	Mlles BRÉMONT.
MANETTE, femme de chambre chez Bourdelin....	PELLETIER.

Toutes les indications sont prises de la gauche et de la droite du spectateur. — Les personnages sont inscrits en tête des scènes dans l'ordre qu'ils occupent au théâtre. — Les changements de position sont indiqués par des renvois au bas des pages.

MON MARI
ME L'A PERMIS!...

Le théâtre représente un salon. — Deux portes au fond, une au milieu, l'autre à gauche. — Une autre porte à gauche. — Une fenêtre à droite. Ameublement riche, mais bourgeois. Un bureau à gauche. — Un guéridon à droite. — Console à gauche. — Cheminée au fond à droite. — Casier à droite. — Chaises.

SCÈNE PREMIÈRE

BOURDELIN, seul assis au bureau, occupé à écrire et environné de bordereaux et de registres.

Maudite liquidation!.. je n'en finirai pas... Je devais être à trois heures chez mon associé... et trois heures viennent de sonner... Je sais bien que nous avons encore deux jours; mais la fin du mois se soldera en déficit et il me tarde... (Se levant.) Où donc ai-je mis ce bordereau? (Regardant vers la fenêtre.) Tiens, encore ce jeune homme à la fenêtre!.. il me semble qu'il regarde bien souvent de ce côté... (Cherchant dans le casier.) Voyons s'il n'est pas là dedans... C'est comme un fait exprès, plus on est pressé...

SCÈNE II

PAPONOT, BOURDELIN.

PAPONOT, entr'ouvrant la porte du fond, un paletot sous son bras.

Ah! te voilà!

BOURDELIN, à part.

Paponot!.. il arrive bien.

PAPONOT.

Tu es seul?

BOURDELIN.

Non, je n'y suis pas.

PAPONOT.

Comment, tu n'y es pas!

BOURDELIN.

Ou plutôt, je ne devrais plus y être; on m'attend. Je te demande pardon, mais...

Il passe à gauche.

PAPONOT *.

Oui, oui, ne te dérange pas; dis-moi seulement si tu as mon paletot.

BOURDELIN.

Ton paletot?

PAPONOT.

Voilà le tien que je te rapporte; comme ils se ressemblent beaucoup, en nous séparant hier soir, l'un de nous se sera trompé.

BOURDELIN.

Bah! (Il agite une sonnette sur le bureau.) Manette va te rendre le tien; pardon, je suis à la minute.

Il se rassied à son bureau.

PAPONOT.

Mais va donc, mais va donc, ne fais pas attention à moi.

SCÈNE III

LES MÊMES, MANETTE.

MANETTE **, entrant par la porte du fond, à gauche.

Monsieur m'a sonnée?

PAPONOT.

Oui, pour te demander mon paletot que ton maître a dû prendre hier, à la place de celui-ci que je te restitue.

MANETTE, prenant le paletot.

Ah! c'est donc ça. Je disais aussi : c'est pas le paletot de monsieur, ça!

PAPONOT.

Où est-il?

* Bourdelin, Paponot.

** Bourdelin, Manette, Paponot.

MANETTE.

J' vas vous l' donner.

Elle sort par la gauche.

PAPONOT *.

Dépêche-toi. Je dérange Bourdelin.

BOURDELIN.

Oh! pourvu que tu ne me parles pas...

PAPONOT.

Non, non, travaille, travaille... c'est si bon de travailler!.. je sais cela, moi, qui ne fais rien... car ma place est une vraie sinécure; j'ai dix commis sous mes ordres, ils travaillent pour moi, et je suis payé pour eux... je suis même payé très-cher... et comme je suis riche et que je ne sais que faire, cela me force à m'amuser, et le plaisir... si tu savais comme c'est ennuyeux!..

BOURDELIN.

De grâce, Paponot!..

PAPONOT.

C'est juste. (Allant à la fenêtre.) Je me tais, je me tais. — Tiens, un monsieur qui nous regarde...

BOURDELIN.

Encore!... Paponot, ferme donc cette fenêtre.

PAPONOT.

Volontiers.

Il ferme la fenêtre.

MANETTE **, revenant par la gauche, un paletot à la main.

Monsieur, v'là vot' paletot.

PAPONOT, le mettant.

C'est ça, oui, c'est bien lui... attends, Manette... (Fouillant dans sa poche et lui remettant une pièce de monnaie.) Voilà pour ta dot.

Bourdelin passe à droite.

MANETTE, regardant la pièce.

Dix sous!... Merci, monsieur. (A part.) Quel rat!

Elle sort par le fond.

BOURDELIN ***, à Paponot qui cherche dans son paletot.

Est-ce que tu crois que nous t'avons volé ton mouchoir?

* Bourdelin, Paponot.

** Bourdelin, Manette, Paponot.

*** Paponot, Bourdelin.

PAPONOT.

Non, ce n'est pas ça. — (Se récriant.) Ah ! par exemple !... non, c'est un papier.

BOURDELIN.

Un billet de banque?

PAPONOT.

Non; une lettre, une lettre d'affaires, que je croyais... (A part.) Ah ! mon Dieu ! si ma femme... (Haut.) Adieu, adieu, cher ami; ne te dérange pas. (A part en sortant par le fond.) Ah ! si ma femme l'avait trouvée !...

BOURDELIN, seul.

Certainement non, je ne me dérangerai pas... — Trois heures dix, et encore deux bordereaux à remplir.

SCÈNE IV

CORNÉLIA, BOURDELIN, puis MANETTE.

CORNÉLIA, entrant par le fond à gauche, et très-agitée à la vue de son mari.

C'est lui !... (Elle se compose à grand'peine un maintien et dit en s'approchant.) Tu n'es pas parti?... tant mieux !...

BOURDELIN.

Ah ! c'est toi... pardon, chère amie... est-ce que tu as quelque chose à me dire?

CORNÉLIA.

Oui, quelque chose de très-grave.

BOURDELIN.

Oh ! plus tard, je t'en prie... mon associé m'attend.

CORNÉLIA.

Monsieur, je vous prie de m'écouter.

BOURDELIN.

C'est donc bien sérieux?

CORNÉLIA.

Tout ce qu'il y a de plus sérieux.

BOURDELIN, quittant son travail.

Allons... mais, je t'en prie, pas plus de cinq minutes.

Il s'assied près du guéridon.

CORNÉLIA, s'asseyant en face de lui.

Monsieur, vous savez que je suis abyssinienne?

BOURDELIN.

C'est pour m'apprendre ça...

CORNÉLIA.

Dans mon pays, — je crois vous l'avoir dit avant de vous épouser, — une injure ne s'oublie jamais...

BOURDELIN.

Non, jamais... mais de grâce, abrège ce préambule.

CORNÉLIA.

Eh! bien, monsieur, je fus indignement outragée...

BOURDELIN.

Toi!... et par qui?

CORNÉLIA.

Cela ne regarde que moi.

BOURDELIN.

Pardon, mais il me semble...

CORNÉLIA.

... Que moi seule. Cependant, comme je vais avoir à me venger et que, pour cela, j'aurai besoin d'une grande liberté d'action, que je ne veux être entravée ni dans mes projets, ni dans mes démarches, c'est à vous le premier que je viens demander carte blanche pour tout ce qu'il me plaira d'entreprendre.

BOURDELIN.

Carte blanche?...

CORNÉLIA.

Je veux pouvoir aller et venir à ma volonté et sans que personne, pas même vous, ne s'oppose à mes actions.

BOURDELIN.

Pas même moi...

CORNÉLIA.

Pas même vous.

BOURDELIN, à part, se levant et passant à gauche.

Ah! mon Dieu! trois heures vingt!... — (Haut.) Ecoute... y aura-t-il mort d'homme?

CORNÉLIA *.

Non.

* Bourdelin, Cornélia.

BOURDELIN.

Tu me jures de n'employer ni le feu, ni le fer, ni le poison, ni le charbon?...

CORNÉLIA.

Rien de tout cela, je vous le jure.

BOURDELIN.

Eh! bien, oui, je te donne carte blanche... (Se remettant au bureau et écrivant.) Mais, pour Dieu! laisse-moi terminer ce travail.

CORNÉLIA.

Terminez, monsieur; moi, je vais commencer le mien.

Elle se place au bureau, en face de son mari et se met à écrire.

BOURDELIN.

Tiens, tu vas écrire?

CORNÉLIA.

Oui.

BOURDELIN.

A qui donc?

CORNÉLIA.

Déjà?

BOURDELIN.

C'est juste. — (Calculant.) 19,680 à 5 1/2...

CORNÉLIA, à part, écrivant.

« Monsieur...

BOURDELIN.

182,40.

CORNÉLIA, idem.

« Mon mari va sortir... »

BOURDELIN.

Je pose...

CORNÉLIA, idem.

« Venez vous-même recevoir la réponse que vous me demandez... »

BOURDELIN

Ah! grâce au ciel!... plus qu'un !...

CORNÉLIA, signant.

« Cornélia. »

Elle sonne et se lève.

BOURDELIN, qui a pris son dernier bordereau, calculant.

8 et 7, 15 et 9, 24 et 5, 29...

MANETTE, entrant du fond *.

Monsieur m'a sonnée?

CORNÉLIA.

Non, c'est moi. Porte tout de suite cette lettre à son adresse.

MANETTE, sortant par le fond.

Oui, madame.

BOURDELIN **.

324 à 5 1/2, 17 francs 82 centimes. J'ai terminé. (Regardant la pendule et se levant.) Trois heures et demie; j'arriverai avant quatre heures. (Rangeant tous ses papiers dans une serviette.) Parbleu! avant quatre heures, je n'ai pas dix minutes de chemin... Où est mon chapeau?... (Le trouvant au fond sur un fauteuil.) Ah! le voici. — A tout à l'heure, chère amie?...

Il sort par le fond.

SCÈNE V

CORNÉLIA, puis MANETTE.

CORNÉLIA, seule.

Ah! tu me donnes carte blanche?... Très-bien! je vais en user... Certes, j'aurais pu me passer de la permission de monsieur mon mari... mais avec sa permission, ça sera plus drôle!... — Eh! quoi!... ce n'est point assez pour lui d'une femme comme moi, attentive à lui plaire, esclave de ses devoirs!... L'affection à domicile ne lui suffit pas!... monsieur va en ville!... monsieur a une Aïka... oui, une Aïka!... un nom de féerie... un nom de biche... au bois!... et qui écrit... (Elle tire une lettre de son corsage.) « Mon toutou... » — Elle l'appelle Toutou!... — « Viens me voir... r, e, re!... — je t'embrasse — comme je t'aime!... t, e tê, me, me!... — » (Froissant la lettre.) Ah! il te faut des Sévigné sans orthographe? Eh! bien,

* Bourdelin, Manette, Cornélia.

** Bourdelin, Cornélia.

moi aussi, j'en ferai des fautes!... et puisque tu me donnes carte blanche!... (A la cantonade.) Mais tu ne sais donc pas que moi aussi je reçois des lettres... (Au public.) Oui, j'en reçois du petit jeune homme d'en face... il m'écrit... avec feu!... avec passion! .. et avec orthographe!... il m'envoie ses lettres avec une pierre dedans... par la fenêtre... Et je ne l'écouterais pas, ce jeune Ernest!... — il s'appelle Ernest!... — et je ne le recevrais pas?... Oh! mais si... et d'ailleurs, mon mari me l'a permis!...

MANETTE *, entrant par le fond.

Madame, madame...

CORNÉLIA.

Qu'y a-t-il?

MANETTE.

Le monsieur... à qui j'ai porté la lettre...

CORNÉLIA.

Eh! bien?...

MANETTE.

Il me suit!...

CORNÉLIA.

Déjà?...

MANETTE.

Faut-il le faire entrer?

CORNÉLIA.

Oui... oui... c'est-à-dire.. attendez!... c'est singulier, maintenant que cela devient sérieux... Bah! j'ai la permission de mon mari, et lui n'avait pas la mienne... (A Manette.) Dites à ce monsieur que je l'attends.

Elle va s'asseoir à droite et fait de la tapisserie, qu'elle tire d'une corbeille à ouvrage qui est sur le guéridon.

SCÈNE VI

MANETTE, ERNEST, CORNÉLIA.

MANETTE, au fond.

Entrez, monsieur.

Elle sort par le fond, après l'entrée d'Ernest.

ERNEST **, à part, entrant.

Ah! je suis bien ému!...

* Cornélia, Manette.
** Ernest, Cornélia.

CORNÉLIA, à part, s'asseyant près du guéridon.

Que va-t-il me dire?

ERNEST, à part.

La voilà!.. elle est assise...

CORNÉLIA, à part.

Je n'ose le regarder.

ERNEST, à part.

Pourvu que je me rappelle ma déclaration...

CORNÉLIA, à part.

Eh! bien, il ne me dit rien...

ERNEST, à part.

Ah! mon Dieu! je ne me la rappelle pas.

CORNÉLIA, à part.

Je ne lui parlerai certainement pas la première.

ERNEST, résolument, à part.

Tant pis! — (Haut.) Madame...

Il a posé son chapeau sur une chaise près du bureau

CORNÉLIA, effrayée.

Ah!.. (Se remettant.) vous!

ERNEST.

Oui... je... je... C'est moi qui...

CORNÉLIA.

Vous avez quelque chose à me dire?

ERNEST.

Oui, non, c'est-à-dire...

CORNÉLIA.

Ne m'avez-vous pas écrit, pour?..

ERNEST.

Oui, oui... je vous ai écrit... et vous avez daigné me répondre... (Embrassant la lettre.) Ah!

CORNÉLIA.

Vous embrassez votre main?

ERNEST.

Oh! pouvez-vous croire?... C'est votre lettre si encourageante...

CORNÉLIA, embarrassée.

A propos, monsieur... qui vous a donné le droit, non-seulement de m'écrire... mais encore de m'envoyer vos lettres... de votre appartement dans le mien, en passant par ma fenêtre?...

ERNEST.

Un commissionnaire... ou votre femme de chambre pouvait vous compromettre, et...

CORNÉLIA.

Et vous avez préféré prendre une pierre pour messager.

ERNEST.

Oui... parce que... une pierre, c'est discret...

CORNÉLIA.

Pas trop, cela fait du bruit. Mais enfin, m'expliquerez-vous cette lettre où vous me parlez avec transport de votre amour pour une femme adorable et adorée? En quoi vos amours me regardent-elles et pourquoi désirez-vous m'en parler?

ERNEST.

Mes amours vous regardent... parce qu'en vous regardant... je regarde mes amours.

CORNÉLIA, se levant.

Monsieur...

ERNEST.

Eh! bien, oui, voilà le secret de mon âme!... depuis huit jours, j'habite, au premier, la maison en face; de ma fenêtre, je plonge dans votre entresol; je vous ai vue travailler à cette fenêtre, et semblable aux fleurs qui se communiquent à distance, les effluves, les émanations qui s'échappent des corps organisés...

CORNÉLIA, jetant son ouvrage sur le guéridon et passant à gauche.

Assez, monsieur, assez! ignorez-vous donc que je suis mariée?...

ERNEST *.

Je le sais, sans le savoir... Je voyais de ma fenêtre un monsieur.., je voyais même plusieurs messieurs... Alors je me suis dit puisqu'il y en a plusieurs...

* Cornélia, Ernest.

CORNÉLIA.

Comment, vous avez cru que j'avais plusieurs maris?...

ERNEST.

Je l'ai cru... sans le croire...

CORNÉLIA.

Assez!...

ERNEST.

Oui, madame!...

CORNÉLIA, à part.

Il n'est pas mal!... mais il est bête!...

ERNEST.

C'est même les messieurs que je voyais et qui n'étaient pas jolis, jolis...

CORNÉLIA.

Hum!

ERNEST.

C'est eux qui m'ont fait dire : Si elle est mariée, son mar n'étant pas joli, joli... moi qui suis...

CORNÉLIA, ironiquement.

Joli, joli?...

ERNEST.

Oh! non... mais enfin, comparativement...

CORNÉLIA *, passant à droite.

Assez!... Je crois deviner quel est votre but...

ERNEST.

Mon but, madame!

CORNÉLIA.

Je ne vous le demande pas... puisque je l'ai deviné!... Votre désir, sans doute...

ERNEST.

Mon désir... c'est...

CORNÉLIA.

Ne me le dites pas... puisque je le connais... Vous allez retourner chez vous.

ERNEST.

Déjà?

CORNÉLIA.

Vous vous y enfermerez.

* Ernest, Cornélia.

ERNEST *.

Pourquoi ?

CORNÉLIA.

Pour y attendre mes ordres, si j'ai à vous en donner.

ERNEST, remontant.

Bon ! (Revenant.) Et si vous n'avez pas d'ordres à me donner...

CORNÉLIA.

Vous ne reparaîtrez jamais devant moi.

ERNEST.

Ah ! mais...

CORNÉLIA.

Dépêchez-vous ; mon mari va rentrer.

ERNEST.

Diable !

CORNÉLIA.

Et s'il vous trouvait ici... vous seriez mort...

ERNEST, embarrassé.

Je sors, madame, je sors...

Il va à gauche.

CORNÉLIA.

Pas par là, c'est le salon !...

ERNEST **, il va à droite.

Oui, madame, oui...

CORNÉLIA.

Pas par là, c'est la salle à manger !

ERNEST.

Oui, madame, oui...

Il va et vient, ahuri.

CORNÉLIA, montrant le fond.

Là, là, au milieu...

ERNEST.

Ah ! oui !

Il va pour sortir.

CORNÉLIA.

Et votre chapeau que vous oubliez.

ERNEST, le prenant sur une chaise.

Oh ! pardon !

Il se cogne en sortant par le fond.

* Ernest, Cornélia,

** Cornélia, Ernest.

SCÈNE VII

CORNÉLIA, seule.

Oh ! mais il est bête, bête, bête !... — Remplacer un volage par un imbécile, en vérité ce n'est pas trop la peine... et pourtant, il faut que je me venge ! il ne sera pas dit que mon mari me trompe et que je suis fidèle ; qu'il possède une Aïka et que je ne puisse me procurer un Ernest .. Il me faut un Ernest à toute force, ou un Arthur, ou un Alfred ! n'importe quoi,.. mais pas n'importe qui. Ce jeune homme est un sot, et de plus c'est un poltron, que le nom seul de mon mari a glacé d'épouvante... S'est-il sauvé !... Oh ! non, non, ce n'est pas... (Prêtant l'oreille) J'entends marcher. Reviendrait-il ?... (Voyant entrer Bourdelin.] Mon mari !

SCÈNE VIII

BOURDELIN, CORNÉLIA, ensuite MANETTE.

BOURDELIN, entrant par le fond et posant sa serviette sur son bureau.

Ah ! c'est fini !... mes comptes de liquidation sont terminés... Je perds six mille francs... mais, au moins, je sais à quoi m'en tenir !... Et maintenant, chère amie, je suis tout à toi... Eh ! bien, tu ne me réponds pas?...

CORNÉLIA.

Que voulez-vous que je vous dise?

BOURDELIN, allant à elle.

Mais... Ah ! j'y suis ! tu es préoccupée de ta petite vengeance.

CORNÉLIA.

Oui, en effet...

BOURDELIN.

En Corse, en Italie, cela s'appelle une vendetta... je ne sais pas pourquoi... mais voyons... maintenant que je n'ai plus ma liquidation en tête, que je suis calme, reposé... me diras-tu ?...

CORNÉLIA.

Que voulez-vous que je vous dise que vous ne sachiez déjà?.. Ne vous ai-je pas demandé ce matin liberté pleine et entière... pour punir qui m'a offensée?

BOURDELIN.

Oui... mais...

CORNÉLIA.

Or, en ce moment je combine mes petits plans... qui sont déjà en voie d'exécution... je suis même assez contente...

BOURDELIN.

Voyons, Cornélia, pas d'enfantillage... et surtout pas de folies... je te connais... tu as une imagination, qui va, qui va... J'ignore tout à fait de qui tu peux avoir à te plaindre.. mais si vraiment tu as à te plaindre de quelqu'un, quel que soit ce quelqu'un, c'est à moi d'exiger de lui la réparation qui t'est due.

CORNÉLIA.

A vous?

BOURDELIN.

Ne suis-je pas ton mari ?

CORNÉLIA.

Oui, certainement; mais pensez-vous qu'un mari soit obligé de punir lui-même toutes les injures faites à sa femme ?

BOURDELIN.

Une injure... oui, sans doute.

CORNÉLIA.

Vous le pensez?

BOURDELIN.

C'est son devoir.

CORNÉLIA.

Quelle que soit la personne?

BOURDELIN.

Quelle que soit la personne.

CORNÉLIA.

Eh! bien, monsieur, vengez-moi donc de celui qui a reçu cette lettre.

Elle la lui donne.

BOURDELIN.

Une lettre... (*Ouvrant la lettre et lisant.*)

« Mon toutou, j'ai besoin de te voir et je t'attends demain » à l'heure de la Bourse. Je t'embrasse comme je t'aime.

« AIKA. »

Qu'est-ce que c'est que ça?...

CORNÉLIA.

Ah ! vous avez un aplomb!

BOURDELIN.

J'ai, dis-tu?...

CORNÉLIA.

Ne jouez donc pas l'ignorance.

BOURDELIN.

Est-ce que tu supposerais que cette lettre m'est adressée ?

CORNÉLIA.

Oh ! non, je ne le suppose pas, j'en suis sûre.

BOURDELIN.

Cette lettre est adressée à moi !...

CORNÉLIA.

Je l'ai trouvée dans votre paletot.

BOURDELIN.

Dans mon paletot, ce billet...

CORNÉLIA.

Oh ! c'est bien par hasard ; je l'ai trouvé pendu dans l'antichambre...

BOURDELIN.

Et, par hasard, tu as fouillé dedans.

CORNÉLIA.

Ai-je eu tort ?

BOURDELIN.

Mais il est impossible que dans mon paletot... Ah !...

CORNÉLIA.

Quoi donc ?

BOURDELIN.

C'est ce matin que tu as commis cette indiscrétion ?

CORNÉLIA.

Oh ! indiscrétion.

BOURDELIN.

Réponds : est-ce ce matin ?

CORNÉLIA.

Oui.

Bourdelin va au bureau et sonne.

CORNÉLIA.

Que faites-vous ?

BOURDELIN.

Attends, tu vas savoir...

MANETTE, entrant par le fond *.

Monsieur m'a sonnée?

BOURDELIN.

Manette, à qui appartenait le paletot que vous avez trouvé ce matin dans l'antichambre?

MANETTE.

A monsieur Paponot.

CORNÉLIA.

Paponot...

BOURDELIN.

Qui avez-vous trouvé ici ce matin?

MANETTE.

Monsieur Paponot.

BOURDELIN.

Qu'y venait-il faire?

MANETTE.

Vous rapporter votre paletot, qu'il avait pris hier au lieu de prendre le sien; même que c'est le sien que j'ai brossé.

BOURDELIN.

C'est bien, Manette; laissez-nous.

Manette sort par le fond.

SCÈNE IX

BOURDELIN, CORNÉLIA.

CORNÉLIA.

Ah!...

Elle tombe assise près du guéridon.

BOURDELIN.

Eh! bien, faut-il encore que je punisse l'affreux mari qui a reçu ce billet?

CORNÉLIA.

Qu'ai-je fait?

BOURDELIN.

Quoi donc?

CORNÉLIA.

Ah! mon ami, quand tu sauras...

* Bourdelin, Manette, Cornélia.

BOURDELIN.

Parle; tu m'effrayes!...

CORNÉLIA, se levant.

Eh! bien, en face de nous demeure un jeune homme qui m'avait écrit...

BOURDELIN.

Morbleu!

Il va vers la fenêtre.

CORNÉLIA *.

Et moi, me croyant trahie... sacrifiée...

BOURDELIN.

Eh! bien?...

CORNÉLIA.

Je lui ai répondu...

BOURDELIN.

Répondu?...

CORNÉLIA.

Cette lettre... que j'écrivais là... à côté de toi...

BOURDELIN.

Comment cela?

CORNÉLIA.

Ah! dame, aussi pourquoi me l'avoir permis?.. pourquoi m'avais-tu donné carte blanche?

BOURDELIN.

Achève. — Ce jeune homme...

CORNÉLIA.

Il est venu.

BOURDELIN.

Venu ici?... Et?...

CORNÉLIA.

Et... voilà tout!... Ah! si... je l'ai très-mal reçu!... Il a l'air bête... et je le soupçonne poltron, car je n'ai eu qu'à lui parler de toi pour me débarrasser de lui... Mais malheureusement... il a entre les mains cette malencontreuse lettre...

BOURDELIN.

Il faut la ravoir... à tout prix... et je vais...

Il remonte.

* Cornélia, Bourdelin.

CORNÉLIA.

Mon ami?...

BOURDELIN, revenant.

Mais j'y pense... Aller chez lui, la lui redemander... non... Place-toi là et écris.

CORNÉLIA.

Ecrire quoi?

BOURDELIN.

Ce que je vais te dicter.

CORNÉLIA, s'asseyant au bureau.

M'y voici...

BOURDELIN, dictant.

« Mon ami... »

CORNÉLIA.

« Mon ami... » (S'arrêtant.) A qui donc s'adresse?...

BOURDELIN.

Va toujours!

CORNÉLIA, écrivant.

« Mon ami... »

BOURDELIN.

« Tantôt j'étais souffrante, agacée... »

CORNÉLIA, de même.

« Agacée... »

BOURDELIN.

« Je vous ai mal reçu... »

CORNÉLIA.

Mais c'est... à....

BOURDELIN.

Continue.

CORNÉLIA, écrivant.

« Mal reçu. » (Parlé.) Très-mal reçu.

BOURDELIN.

Très-bien!... « Je m'en repens... »

CORNÉLIA.

Oh!

BOURDELIN.

Ecris.

CORNÉLIA, écrivant.

« Je m'en repens... »

BOURDELIN.

« Et je voudrais vous faire oublier un accueil que je me » reproche... »

CORNÉLIA.

Comment, tu veux?...

BOURDELIN.

Ecris, écris...

CORNÉLIA, écrivant.

« ... Reproche... »

BOURDELIN.

« Si vous ne me gardez pas rancune, je vous attends au » reçu de ce billet... »

CORNÉLIA.

Ah!...

Elle écrit.

BOURDELIN.

Et... comment avais-tu signé ta précédente lettre?

CORNÉLIA.

Cornélia...

BOURDELIN.

Mets « Cornélia. »

CORNÉLIA, écrivant.

Voilà!...

BOURDELIN.

Maintenant plie la lettre... Ah! diable! comment la faire parvenir?

CORNÉLIA, lui donnant une pierre, qu'elle va prendre sur la cheminée.

Attends... voilà le commissionnaire.

BOURDELIN.

Une pierre?...

CORNÉLIA.

Oui, par la fenêtre.

BOURDELIN *.

A merveille!... Ah! voilà son commissionnaire!... eh! bien, c'est le moment de le lui renvoyer.

CORNÉLIA.

Mais s'il te voit...

BOURDELIN.

Regarde.

CORNÉLIA, allant à la fenêtre.

La fenêtre est à demi-fermée; il n'y est pas.

BOURDELIN **, allant à son tour à la fenêtre.

Il n'y est pas... v'lan! (Il jette la lettre avec la pierre. On entend le

* Bourdelin, Cornélia.

** Cornélia, Bourdelin.

bruit que fait un carreau cassé.) Et maintenant, je ferme. (Il ferme la fenêtre qui doit avoir double rideau. Se cachant :) Oh! il était temps!.. il est chez lui; il a reçu le message.

SCÈNE X

LES MÊMES, PAPONOT, puis MANETTE.

PAPONOT *, entrant du fond.

Pardon! Est-ce que je vous dérange?

BOURDELIN.

Quelquefois... mais pas aujourd'hui. Arrive ici, toi.

Cornélia passe à gauche.

PAPONOT **.

Rien qu'un mot : tu n'aurais pas trouvé un papier dans ton paletot?...

CORNÉLIA.

Un papier!...

PAPONOT.

Oui... une lettre... une petite lettre toute parfumée, dans ton paletot... ou par terre, car elle sera peut-être tombée!

BOURDELIN, lui montrant une lettre.

N'est-ce pas cela?

PAPONOT, prenant la lettre.

Ah! le ciel soit loué. J'ai eu une jolie peur! ..

CORNÉLIA.

Comment, monsieur Paponot, c'est vous qui recevez des lettres pareilles!... Un homme marié!...

PAPONOT.

De grâce, madame, n'en dites rien à Vénulie; si vous saviez comme elle est jalouse!...

BOURDELIN.

Ah! elle est jalouse?... Et sais-tu, malheureux, de quoi tu as été cause, toi et ton billet sans orthographe?

PAPONOT.

Non; de quoi donc?

BOURDELIN.

Tu as été cause... Mais j'y pense, oui, parbleu! De cette manière, je ne parais pas et c'est bien plus drôle.

* Paponot, Cornélia, Bourdelin.
** Cornélia, Paponot, Bourdelin.

PAPONOT.

Quoi? qu'est-ce qui est drôle?

BOURDELIN.

Monsieur Paponot, vous êtes un séducteur, un libertin, et c'est à vous de réparer les fautes que vous faites commettre.

PAPONOT.

Quoi! quelle faute!

Il passe à droite.

MANETTE *, entrant du fond.

Madame... Ah! pardon, c'est que...

CORNÉLIA.

Qu'y a-t-il? parle...

MANETTE.

Devant monsieur?

BOURDELIN.

Hein?... qu'est-ce à dire?

MANETTE.

Dame, c'est que...

CORNÉLIA.

Mais oui, oui, parle donc...

MANETTE.

Eh! bien, c'est ce jeune homme qui...

BOURDELIN.

Qui est là... Bravo!... Tu vas le faire attendre; tu lui diras que madame est à lui dans un instant. Et vous, venez, venez, suivez-moi.

PAPONOT.

Mais on m'attend.

BOURDELIN, l'entraînant.

Si c'est Aïka, elle attendra. Viens.

Ils sortent tous trois par le fond à gauche.

SCÈNE XI

MANETTE, puis ERNEST.

MANETTE, seule.

Il paraît que le mari est dans la confidence. Dame, je ne savais pas. On prévient. (Elle va au fond et dit en ouvrant la porte:) Entrez, monsieur.

* Cornélia, Manette, Bourdelin, Paponot.

ERNEST *, entrant du fond.

Vous êtes seule?

MANETTE.

Madame vous prie de l'attendre un moment, elle va venir.

Elle sort par le fond.

SCÈNE XII

ERNEST, seul.

Elle me rappelle... (Montrant la pierre.) et par le même facteur, que j'ai reçu dans le dos... Sapristi! comme elle m'a lancé cela!... je dois en avoir un noir. . mais je ne m'en plains pas, au contraire, car au moment où je l'ai reçu, j'étais en train de me dire : elle t'a fichu à la porte, c'est bien fait; ça t'apprendra, gredin, à trahir cette pauvre petite Aïka, la seule femme qui a su triompher de ta timidité... C'est vrai pourtant que toutes les autres se sont moquées de moi... je suis si craintif, si timide près des femmes... Aïka seule ne m'en a pas voulu pour ça... non, ça ne l'a pas arrêtée. — « Que tu es bête! » me disait-elle, mais j'aime ça, ça me change... Toutes mes leçons amoureuses, je les ai reçues d'elle, et maintenant c'est aux pieds d'une autre que je veux profiter de l'éducation qu'elle m'a donnée!... C'est elle que je trahis!... et dans quel moment! Au moment où elle m'annonce qu'elle vient de me trouver une place, qu'elle a parlé de moi à son protecteur et que son protecteur consent à me protéger. Ah! je suis un ingrat! mais enfin, pouvais-je résister à ce second billet qui... Ciel! je crois que l'on vient... Ah! voilà le battement de cœur!... le voilà, le voilà!... je vais redevenir bête!... La porte s'ouvre. C'est elle! — (Voyant entrer Paponot.) Oh! un homme!

SCÈNE XIII

PAPONOT, la redingote boutonnée, l'air farouche. — Il entre par le fond à gauche. ERNEST.

PAPONOT, à part.

Drôle de commission que Bourdelin me donne-là!...

ERNEST, à part.

Son mari, peut-être... Je vais m'évanouir!...

* Manette, Ernest.

PAPONOT à part.

Après tout, ça m'est égal. — (Haut, à Ernest.) Veuillez vous asseoir, monsieur.

ERNEST.

Monsieur...

PAPONOT, insistant.

Je vous en prie, monsieur.

ERNEST, même jeu, à part.

Si c'était une chaise à truc!...

PAPONOT, le prenant brusquement par les épaules et le forçant à s'asseoir.

Asseyez-vous donc, puisque je vous en prie!...

ERNEST, poussant un cri en tombant assis près du guéridon.

Aïe!... (A part.) Je crois qu'elle a craqué!

PAPONOT, s'asseyant près de lui.

Il paraît, monsieur, que, de votre fenêtre, vous vous amusez à jeter des pierres à ma femme...

ERNEST.

Oh! monsieur, croyez bien que si j'avais pu supposer un instant que cela pût la contrarier...

Il veut se lever.

PAPONOT, le forçant de nouveau à s'asseoir.

Il n'y a pas de mal à ça, monsieur! il n'y a pas de mal!...

ERNEST.

N'est-ce pas, monsieur?... n'est-ce pas?...

PAPONOT.

Certainement... certainement!... Tous les jours on aperçoit de sa fenêtre une jolie voisine, dont on veut attirer l'attention, et on lui jette la première chose venue par la tête... Ça se fait dans le meilleur monde!..

ERNEST.

Oh! certainement qu'il n'y avait pas de ma part...

PAPONOT.

Certainement...

ERNEST, voulant se lever.

Alors, je puis m'en aller?...

PAPONOT, le rasseyant.

Tout à l'heure, cher, tout à l'heure!...

ERNEST, *regardant sa montre.*

C'est que... je pars dans un quart d'heure pour Asnières... et mes malles ne sont pas faites !...

Même jeu.

PAPONOT, *même jeu.*

Ne craignez rien, nous les ferons ensemble.

ERNEST.

C'est que... j'aime mieux les faire tout seul.

Même jeu.

PAPONOT, *brutalement, même jeu.*

Allons, en voilà assez !... je continue : jeter des pierres aux voisines, cela peut, à la rigueur, les amuser ; mais, où le mal commence, — au point de vue du mari, surtout, — c'est lorsque la pierre est enveloppée dans une déclaration d'amour... Comprenez-vous ?

ERNEST.

Parfaitement ! parfaitement !... mais croyez bien que j'ignorais...

PAPONOT.

Il n'y a pas de mal à ça !... La déclaration était tellement bête, que ma femme en a bien ri, allez !...

ERNEST.

Ah ! elle a trouvé que la déclaration ?...

PAPONOT.

Était idiote... Elle me l'a montrée, nous en avons ri ensemble. Je lui ai dit : Il faut répondre à ce petit homme, il nous amusera... Elle vous a donné un rendez-vous ; vous y êtes venu, et elle vous a mis à la porte. C'est très-drôle !...

ERNEST, *piteusement.*

Excessivement drôle !...

PAPONOT, *riant aux éclats.*

Mon Dieu, que c'est drôle !... — (*Changeant de ton.*) Mais où le mal recommence, c'est qu'en partant, vous avez oublié de lui rendre son billet...

ERNEST.

C'est vrai !... j'ai oublié...

PAPONOT, *se levant.*

Alors je lui ai dit : Il faut lui en écrire un autre, il reviendra, et c'est à moi qu'il rendra les deux billets.

ERNEST, se levant aussi.

Ah! c'est pour ça?..

PAPONOT.

Est-ce que vous avez cru que c'était pour vous adopter?...

ERNEST.

Je... j'ai...

PAPONOT.

Voyons, les avez-vous sur vous?

ERNEST, se fouillant.

Oui... je crois... Voilà!

Il tend une lettre à Paponot, qui la prend.

PAPONOT.

Mais il n'y en a qu'un!

ERNEST, se fouillant de nouveau.

Qu'un!... Est-ce que j'aurais?... Ah! non, voici l'autre! tenez...

Il donne une autre lettre.

PAPONOT.

A merveille!

ERNEST, voulant sortir.

Maintenant, je puis...

PAPONOT, le retenant.

Un moment! laissez-moi m'assurer... (Regardant la première lettre.) Cornélia, parfait! (Il met la lettre dans sa poche.) Et celui-ci... tiens, ça n'est pas la même écriture.

ERNEST, se fouillant.

Comment, est-ce que j'aurais...

PAPONOT, regardant la signature.

Que vois-je! Aïka!..

ERNEST, montrant la seconde lettre de Cornélia.

Ah! oui, oui, voilà le second... — Rendez-moi...

PAPONOT, prenant le second billet et le mettant dans sa poche.

Un instant, un instant... (Lisant le billet qu'il a conservé à la main.) « Ma petite boule d'amour, j'ai parlé de toi à mon vieil hip» popotame de Paponot... » hippopotame!

ERNEST.

Pardon, mais ça n'est pas...

PAPONOT.

Si fait, si fait, ça m'intéresse. — (Continuant.) «... Il consent à te prendre dans ses bureaux... »

ERNEST.

Vous voyez donc bien...

PAPONOT.

Fichez-moi la paix, vous. — (Continuant.) « Viens me trouver » ce soir à la course en sac du Château-Rouge ; je t'appren- » drai ce que tu as à faire... Ta petite caille, — AIKA. » (Sautant à la gorge d'Ernest.) Ah ! c'est ta petite caille!

ERNEST.

Monsieur!...

PAPONOT.

Ah! tu es une boule d'amour!...

ERNEST, éperdu, passant à gauche.

Au secours!... à la garde!

Bourdelin et Cornélia accourant du fond à gauche.

SCÈNE XIV

LES MÊMES, BOURDELIN et CORNÉLIA.

BOURDELIN ET CORNÉLIA, ensemble *.

Eh bien! eh bien! qu'est-ce donc?

PAPONOT.

Laisse-moi l'étrangler!

BOURDELIN.

Voyons, voyons, pas de scandale ici!...

ERNEST, étouffant et tombant sur une chaise près du bureau.

Ouf!

CORNÉLIA, à Paponot.

Mais qu'avez-vous donc?

* Ernest, Cornélia, Bourdelin, Paponot.

PAPONOT, allant à Cornélia et lui rendant ses deux billets *.

Ce que j'ai. . ce que j'ai... D'abord, j'ai vos deux lettres, les voici ; et puis, j'en ai une troisième...

BOURDELIN.

De ma femme?...

PAPONOT.

Non, d'Aïka.

BOURDELIN.

Encore Aïka !

PAPONOT

Et pour celle-là, je rêve une vengeance... (Comme frappé d'une idée.) Ah!...

ERNEST, à part.

Je commence à respirer.

CORNÉLIA, à Ernest.

Il paraît que vous recevez beaucoup de lettres, monsieur Ernest.

ERNEST, se levant.

Je reçois... je reçois... Pardon, je me sens indisposé... l'on m'attend à Asnières... et mes malles...

Il remonte.

PAPONOT, d'un air très-aimable.

Nous quitter... je m'y oppose.

ERNEST, passant à droite.

Monsieur, ne m'approchez pas.. ou je crie...

PAPONOT, allant à lui **.

Comment, vous ne voulez pas que je vous approche, et et c'est à moi que vous êtes recommandé ?

ERNEST.

Moi, à vous?...

* Ernest, Cornélia, Paponot, Bourdelin.
** Cornélia, Bourdelin, Paponot. Ernest.

PAPONOT.

Paponot, l'hippopotame, c'est moi!

ERNEST.

Vous!

PAPONOT.

Pardon, si, dans un premier moment de surprise, vous prenant pour un autre...

ERNEST.

Ah! vous me preniez?...

PAPONOT.

Je vous prenais pour un galopin... Mais du moment que vous êtes monsieur Ernest Bigorneau...

ERNEST.

Non, Bigornet...

PAPONOT.

Bigornet... Pardon...— C'est bien différent; j'avais en effet promis de vous donner uue place dans mes bureaux, et cette place vous attend; vous êtes appointé au chiffre de cinquante francs.

ERNEST.

Par jour?

PAPONOT.

Plus tard!... mais, pour commencer, ce sera par mois.

CORNÉLIA, allant à Paponot.

Ah! monsieur Paponot, c'est très bien ce que vous faites-là.

BOURDELIN *.

Oui, et si monsieur Ernest n'est pas un ingrat, il t'aimera... comme un frère.

PAPONOT, au public.

Je le ferai travailler de six heures du matin à minuit : ça sera ma vengeance!...

Musique pour le baisser du rideau.

* Bourdelin, Cornélia, Paponot, Ernest.

FIN

CHATILLON-SUR-SEINE. — IMPRIMERIE E. CORNILLAC.

www.ingramcontent.com/pod-product-compliance
Ingram Content Group UK Ltd.
Pitfield, Milton Keynes, MK11 3LW, UK
UKHW020223180726
13838UKWH00005B/2151